AF382899

RÉAGIR À LA MANIPULATION AU TRAVAIL

Les techniques pour ne plus se laisser faire

Par Adrien de Fraipont

50MINUTES.fr

RÉAGIR À LA MANIPULATION AU TRAVAIL

- **Problématique ?** Comment dépasser une situation de manipulation au travail pour migrer vers une ambiance plus saine, débarrassée de ses jeux de pouvoirs entre collaborateurs ?
- **Utilité ?** S'armer contre la manipulation au bureau permet de travailler sur l'affirmation de soi et sur les relations que l'on entretient avec ses collègues et sa hiérarchie.
- **Contexte professionnel ?** Les relations professionnelles, que ce soit avec son employeur, un collègue ou un subordonné : les cas de manipulation sont présents dans tous les domaines et à tous les niveaux de relation.
- **FAQ ?**
  - Qui sont les manipulateurs ?
  - Comment démasquer un vrai manipulateur pathologique au bureau ?

- Suis-je victime d'une manipulation au travail ?
- Est-ce que je participe inconsciemment à cette situation qui me nuit ?
- À partir de quand faut-il réagir pour ne pas sombrer ?
- Comment sortir de ce genre de relation avilissante ?
- Face à ce type d'abus, quelle législation me protège ?
- Comment parler de cette situation à mon entourage ?
- Comment aider les autres à surmonter cette épreuve ?

Nous sommes tous susceptibles d'être confrontés un jour ou l'autre à une situation de manipulation, que ce soit en tant que témoin, manipulé... ou même manipulateur ! C'est même certainement déjà arrivé, tant ce phénomène est fréquent au sein des relations interpersonnelles. Réfléchissez : ne vous êtes-vous jamais senti obligé d'accéder à la demande de quelqu'un, par peur de le décevoir ou de le blesser ? Ou, au contraire, ne vous êtes-vous jamais servi d'un petit chantage affectif pour obtenir quelque chose d'un proche ? Consciemment ou non, nous pouvons tous nous retrouver dans le rôle d'un manipulateur ou d'une « victime », parfois seulement le temps d'une conversation.

Les jeux de pouvoir et d'influence de ce genre sont en effet monnaie courante dans nos contacts quotidiens avec les autres, et sans doute encore plus sur notre lieu de travail, où les relations sont complexifiées par la position hiérarchique de chacun. Bien que toujours dérangeants, ils ne sont pas pour autant destructeurs tant que leur intensité et leur fréquence restent raisonnables. C'est lorsque ces petites attaques contre notre volonté se répètent et s'accumulent sur le long terme qu'un réel problème se fait jour.

À travers ces quelques pages, nous tenterons de définir plus précisément ce que nous entendons par « manipulation au travail » et de quelle manière le processus tend à se mettre en place. Nous proposerons également des moyens permettant de détecter les manœuvres manipulatrices, ainsi que des solutions pour déjouer toute tentative de manipulation ou pour en sortir si elle est déjà installée.

B.A.-BA DE LA MANIPULATION AU TRAVAIL

QU'EST-CE QUE LA MANIPULATION ?

La manipulation est une dynamique de comportement entre deux personnes ou groupes de personnes, où un(e) des deux essaie consciemment de prendre l'ascendant sur l'autre afin d'en obtenir des choses à son propre avantage, généralement sans que la victime s'en rende compte. Le manipulateur a ainsi pour objectif conscient de dominer psychologiquement le destinataire de la communication et veille scrupuleusement à ce que son jeu ne soit découvert par aucune de ses victimes potentielles ou par une tierce personne. Il s'agit donc d'un processus sournois d'influence sociale, souvent difficile à détecter.

Comme nous l'avons souligné dans l'introduction, il faut différencier la notion de manipulation en elle-même de la notion de personnalité manipulatrice. En effet, il peut arriver à une personne par ailleurs équilibrée d'essayer de manipuler quelqu'un de manière ponctuelle et pour diverses raisons. En revanche, une personne à tendance manipulatrice est constamment en quête d'individus à manipuler afin d'atteindre ses objectifs particuliers. Si ces « manipulateurs en série », véritables vampires psychiques, se font plutôt rares, il est tout de même important de pouvoir les repérer afin de s'en protéger. En effet, une personne manipulée peut se retrouver dans une situation très inconvenante, voire désastreuse (perte d'un emploi, perte de l'estime de soi, conséquences familiales, soucis de santé, etc.), si elle ne réalise pas à temps la nature de l'interaction qu'elle est en train d'entretenir.

Et au bureau particulièrement ?

Le milieu professionnel engendre différents contextes particulièrement favorables à la mise en place d'un processus de manipulation. Cela se révèle particulièrement vrai dans les secteurs très compétitifs, où la pression externe risque d'encourager ce genre de comportement.

Différents cas de manipulation sont possibles dans le cadre du travail :

- d'un supérieur hiérarchique vers un subalterne. Un patron peut être tenté de manipuler l'un(e) ou l'autre employé(e) pour lui faire faire des choses qui dépassent d'une manière ou d'une autre les termes et/ou l'esprit du contrat qui les lie ;
- d'un subalterne vers son supérieur hiérarchique. Inversement, un employé peut tout à fait manipuler son supérieur, par la flatterie, par exemple, ou via des micro-sabotages et de la rétention d'informations ;
- d'un collègue vers un autre collègue. Un(e) collègue peut essayer d'en manipuler un(e) autre en vue d'obtenir une promotion ou de conserver son poste au détriment de l'autre, en mettant discrètement à mal son travail ou en en faisant un complice à son insu, par exemple ;
- d'un collègue vers plusieurs collègues. Un collaborateur peut chercher à se distinguer du groupe de manière à paraître plus apte que les autres. Il peut par exemple s'arranger, à l'aide de son charisme, pour en devenir le leader mo-

ral et mettre ainsi le groupe à sa disposition afin de satisfaire ses propres objectifs.

LE POINT DE VUE DES RÔLES RELATIONNELS

Le triangle de Karpman

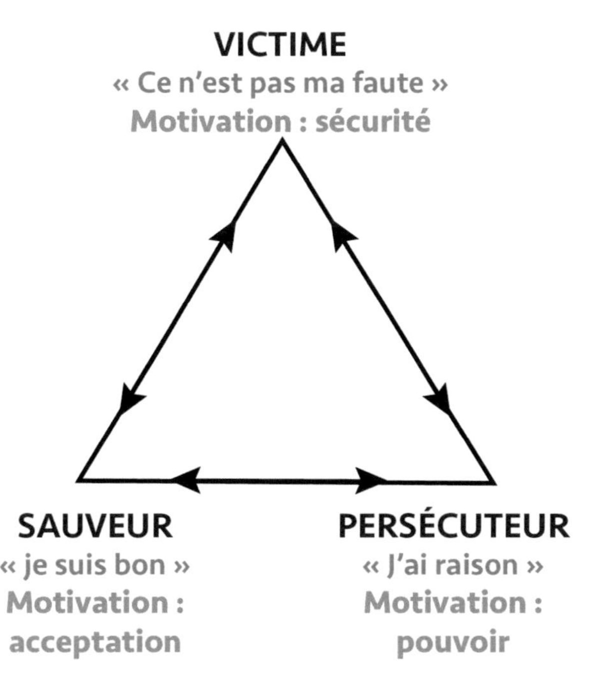

Le triangle de Karpman, qui résume les rôles respectifs de la victime, du persécuteur et du sauveur tout en mettant en évidence leurs interrelations, est assez éclairant pour comprendre le phénomène de la manipulation. D'après la théorie du psychologue Stephen Karpman, nous avons tendance, dans nos relations, à endosser des « rôles relationnels » liés à nos motivations personnelles et aux rôles que jouent nos inter-locuteurs. Nous avons généralement un rôle dominant, mais sommes tout aussi susceptibles d'en endosser un autre, suivant la situation.

Karpman distingue trois rôles bien distincts :

- celui du persécuteur, qui cherche avant tout à impressionner et à dominer, pour se protéger en amont dans la relation, n'hésitant pas à écraser l'autre dans la foulée. Il se construit aux dépens de l'autre ;
- celui de la victime, qui cherche sécurité et attention en cédant sa part de responsabilité à l'autre. Elle a constamment le sentiment de subir les choses et de se faire agresser sans avoir le pouvoir d'y changer quoi que ce soit, ce qui peut paraître une attitude confortable, mais cache un profond dénigrement de soi ;
- enfin celui du sauveur qui, lui, réclame à grands cris l'acceptation de l'autre ainsi que son amour. Il vole donc dès que possible au secours

de son prochain, ce qui peut être infantilisant pour ce dernier.

Endosser un de ces rôles, consciemment ou non, nous permet de nous imposer à l'autre sans lui laisser le choix de dire « non » et, ce faisant, de nous blesser dans notre estime de nous-même. De plus, cela force notre interlocuteur à jouer un rôle à son tour. Il s'agit en réalité de trois formes de manipulation, destinées à nous permettre d'obtenir ce que nous voulons :

- le persécuteur s'impose directement et renvoie son interlocuteur vers le rôle de victime qui accèdera à ses requêtes sans broncher ;
- la victime se plaint pour appeler son interlocuteur à prendre le rôle de sauveur qui accèdera à ses requêtes pour ne pas se sentir mal avec lui-même. Mais une personne jouant la victime risque également, à la longue, de réveiller le persécuteur sommeillant en chacun de nous ;
- le sauveur intervient sans gêne dans la vie d'autrui, qui se voit alors relégué dans le rôle de victime nécessitant effectivement assistance et devenant redevable à son sauveur.

RECONNAÎTRE UNE SITUATION DE MANIPULATION

Un manipulateur face à sa victime – qu'il s'agisse d'un véritable vampire ou d'un manipulateur ponctuel – paraît de prime abord être un personnage sympathique et intéressé par des relations riches avec les gens qui l'entourent. Il flatte sa victime et essaie de nouer avec elle des liens d'amitié, par exemple en l'invitant à aller boire un verre après les heures de travail. Il met cela à profit pour mieux connaître sa cible, se montre altruiste, propose ses services pour diverses tâches – bref, il se présente en sauveur –, mais essaie en réalité d'installer un rapport d'autorité naturelle en mettant subtilement en valeur ses propres connaissances et son savoir-faire. Son but est tout à fait égocentrique : il cherche à entrer petit à petit dans la « propriété mentale » de sa victime.

Une fois les premiers contacts établis, afin de mettre sa victime sous son emprise, le manipulateur est susceptible de mettre en place plusieurs procédés : une expression floue, l'installation d'un sentiment d'infériorité et/ou de culpabilité dans le chef de la victime, voire l'instauration d'un climat de crainte, qui provoqueront chez elle une grosse charge émotionnelle difficile à gérer.

Une communication floue

Par son langage verbal et non verbal, le manipulateur « capte l'attention de sa proie », comme pour la « priver de sa liberté » (PETITCOLLIN (Christel), *Échapper aux manipulateurs*, Paris, Guy Trédaniel éditeur, 2008). Si vous y prêtez attention, sa façon de dialoguer, ses attitudes et ses gestes traduisent son intention de manipulation.

En ce qui concerne sa communication verbale :

- le manipulateur communique de façon confuse. Ainsi, on ne peut déterminer clairement quels sont ses besoins, ses demandes, ses opinions, etc. Dans le même ordre d'idées, il répond généralement de façon floue aux questions qui ont trait à sa personnalité ou en ce qui concerne les sujets qu'il ne maîtrise pas parfaitement, afin de laisser penser qu'il « sait » mais qu'il ne souhaite pas s'épancher plus longuement sur la question – toujours dans le but de rester sur son piédestal par rapport aux autres ;

- par l'intensité du volume de sa voix, le manipulateur monopolise l'attention. Soit le volume de sa voix sera élevé, afin que personne d'autre ne puisse s'exprimer, soit il sera plus bas que celui du reste de son auditoire de sorte qu'on doive se taire pour l'écouter ;
- le manipulateur prêche le faux pour savoir le vrai. Il pose par exemple une question incluant un élément volontairement erroné, afin d'en apprendre davantage sur sa victime ;
- il s'approprie les idées des autres en prétendant qu'il les a eues avant ou en feignant l'évidence ;
- il n'hésite pas à exploiter le mensonge pour parvenir à ses fins, niant par exemple avoir demandé telle ou telle chose (ce que lui permet sa communication obscure) ;
- toujours dans l'idée de se laisser une large marge de manœuvre, le manipulateur communique volontiers via des intermédiaires. Il peut ainsi plus facilement revenir sur ce qu'il a dit, prétextant un malentendu dû au messager.

LA DOUBLE CONTRAINTE

Le manipulateur utilise souvent la technique du *double bind*, la double contrainte. Il s'agit d'une proposition qui contient un double message paradoxal, de sorte que si on obéit à l'un des messages, on désobéit forcément à l'autre, et vice-versa. L'exemple typique : demander à quelqu'un de faire quelque chose spontanément, quand il est évident que ce qui est spontané ne doit pas se demander.

Pour ce qui est de la communication non verbale :

- le manipulateur manque singulièrement d'empathie. Cette carence, associée à son attitude condescendante envers sa cible, induit des signes de communication non verbale spécifiques. Il a par exemple un regard fuyant et/ou dominateur et, lorsque l'on s'adresse à lui, il adopte souvent une « écoute aversive » : il ne se tourne pas vers sa victime lorsque celle-ci entre dans son espace et il l'écoute sans la regarder ou sans cesser l'activité qu'il est en train de faire ;

- le manipulateur est « désynchronisé » par rapport aux autres. Par exemple, en réunion, il adopte d'emblée une attitude détendue, afin de se positionner au-dessus de la mêlée, là où les autres participants sont en posture d'écoute. Il ne prend pas de note quand cela semble pourtant nécessaire pour les autres ;
- face à la critique, il sourit, afin de paraître toujours sûr de lui.

Entretien d'un sentiment d'infériorité

Ayant installé un rapport d'autorité avec elle, le manipulateur travaille à faire douter sa victime, à lui faire perdre ses certitudes sur elle-même et sur ses aptitudes. Pour cela, il feint l'étonnement lorsqu'elle affirme quelque chose – par exemple si elle explique avoir reçu les éloges de son supérieur pour son travail –, minimise ses propos ou ses actions, lui donne des petits surnoms ou lui fait des critiques voilées, n'hésitant pas à faire preuve de mauvaise foi. La victime se sent ainsi décrédibilisée, elle doute de ses capacités et a l'impression qu'elle ne sera jamais à la hauteur.

Une technique que le manipulateur utilise fréquemment consiste à qualifier subtilement l'autre de menteur, alors qu'il est lui-même en train de le tromper. Par ailleurs, afin de brouiller les pistes, il a tendance à produire une surenchère d'informations, véridiques ou non, qui renforce la confusion de son interlocuteur. Il se présente alors en sauveur capable de remettre de l'ordre là où ce dernier ne s'en sort pas et, petit à petit, l'estime de soi de la victime est mise à mal, ce qui renforce toujours plus sa dépendance vis-à-vis du manipulateur. Ce dernier peut même aller jusqu'à lui demander d'aller consulter, dans le but de feindre sa sympathie tout en mettant l'accent sur les faiblesses de l'autre.

Auto-victimisation et culpabilisation d'autrui

Une autre technique de manipulation courante consiste à se poser en victime innocente, par exemple en faisant valoir des problèmes de santé, une surcharge de travail, des soucis personnels, etc. Dans ce cas, le manipulateur fait des demandes à la dernière minute parce qu'il a « oublié » ou qu'il n'a « pas le temps » de s'en charger. Le « pauvre manipulateur » est en effet toujours très occupé ou dans l'impossibilité physique d'effectuer certaines tâches.

Le fait d'endosser le rôle de victime permet à celui qui le joue de se décharger de ses responsabilités sur quelqu'un d'autre. En effet, la cible du manipulateur répondra probablement favorablement à ses requêtes, assumant ainsi la fonction de sauveur, ce qui la rendra encore plus encline, par la suite, à accéder à ses demandes par charité. Si elle refuse, elle se sentira coupable et aura l'impression de trahir ses propres principes moraux.

Le manipulateur peut également faire en sorte que sa cible se sente coupable envers lui pour quelque chose qu'elle a fait ou qu'elle n'a justement pas fait. C'est le monde à l'envers : le manipulateur fait croire à sa victime qu'elle est son bourreau ! Il peut alors exploiter à l'envi le sentiment de culpabilité qu'il a créé afin d'en demander toujours plus à sa victime qui, désireuse de se faire pardonner, aura plus facilement tendance à répondre à ses sollicitations.

En parallèle, le manipulateur fait en sorte qu'on lui attribue une image respectable. Il se fabrique la réputation de personne intègre et bonne, pour que l'on ne se doute pas de ses intentions néfastes et pour que sa victime soit persuadée que, dans l'histoire, c'est effectivement elle la coupable.

Création d'un sentiment de peur

Pour arriver à ses fins, le manipulateur peut aussi instaurer un climat de crainte. Si l'on reprend la grille de lecture des rôles relationnels, le manipulateur se positionne ici en persécuteur. Il se montre autoritaire et adresse des injonctions en prétextant une urgence. En tant que supérieur hiérarchique, il abuse de sa position pour vous en demander toujours plus en vous faisant miroiter une promotion ou, au contraire, en vous menaçant de vous retirer sa considération, voire même de vous licencier. Chantage et menaces sous-entendues complètent son attirail d'outils d'annihilation de la volonté.

Vous restez tard au bureau, au détriment de votre vie personnelle, parce que vous craignez de perdre votre place, menace insinuée par un de vos collègues ayant soi-disant entendu des bruits de couloir.

Par ailleurs, si l'on tente de résister à ses demandes, il devient irritable, voire agressif. Il risque de s'énerver, et sa victime le sait. Il n'hésite pas à adopter une attitude mélodramatique évoquant la figure du « parrain » qui fait des propositions qu'on ne peut refuser.

SE LIBÉRER D'UNE RELATION TOXIQUE

Les conséquences pour la victime

Un processus de manipulation peut mener, pour la victime qui subit un stress grandissant, à un harassement physique et moral. Dans le pire des cas, elle devra faire face à des dégâts d'ordre psychologique dont il est parfois difficile de se relever.

La situation de manipulation devient particulièrement problématique lorsque les soucis commencent à dépasser le domaine professionnel et envahissent la sphère affective et familiale, ou influent sur sa santé (troubles digestifs ou respiratoires, difficultés à trouver le sommeil, etc.).

Il convient alors d'identifier l'origine du phénomène et de mettre en place une stratégie pour
en sortir et s'en protéger.

Prévention

En prévention, le premier conseil à retenir est
d'apprendre à <u>reconnaître la manipulation</u> pour
ce qu'elle est, afin de pouvoir prévenir l'installation d'un vrai processus de manipulation – par
opposition aux petites tentatives d'influence
sans conséquence.

Il s'agit ensuite de travailler continuellement à
développer ses compétences relationnelles afin
de construire avec les autres des interactions
saines et adultes, pour ne pas tomber – ou le
moins souvent possible – dans le schéma des
rôles relationnels. Cela passe par le respect de
l'autre et, surtout, de soi-même, l'écoute active,
l'affirmation de soi et l'assertivité.

POINT COMPÉTENCES RELATIONNELLES

- Pour optimiser ses relations avec les
  autres, il s'agit avant tout de pratiquer
  l'écoute active, qui revient à se rendre

disponible pour son interlocuteur et à l'écouter avec attention et intérêt. Il est important de l'entendre, de comprendre ses besoins. Pour cela, il faut tenter de décoder son langage affectif, ce qu'il ne dit pas mais qu'il exprime tout de même d'une façon ou d'une autre. La reformulation et le questionnement ouvert sont également des outils d'écoute active qui aident – ou forcent – l'autre à préciser sa pensée.

- Un autre élément clé dans les relations interpersonnelles est l'assertivité, c'est-à-dire la capacité à exprimer simplement ses opinions et ses besoins et à les défendre, sans pour autant attenter aux droits de l'autre. Ainsi, faire une demande assertive signifie exposer tour à tour les faits objectifs, ses propres sentiments par rapport à ces faits, et ses besoins face à ces faits. La demande proprement dite vient ensuite, simple et claire, et recherche sinon l'accord total de l'interlocuteur, du moins un compromis satisfaisant pour les deux parties.

Changer la relation

Il n'est pas forcément évident d'échapper à l'emprise d'un manipulateur lorsqu'on a « le nez dans le guidon ». En effet, l'ascendant qu'il a sur sa victime peut induire un sentiment de manque lorsqu'elle tente de s'en défaire. Il s'agit alors de dépasser ce manque.

LE SYNDROME DE STOCKHOLM

Le syndrome de Stockholm doit son nom à une prise d'otage qui a lieu en 1973 dans la capitale suédoise. À leur libération, les otages ont pris fait et cause pour leur ravisseur, refusant même de témoigner à sa charge lors de son procès.

Le fait d'être pris de sympathie pour son bourreau est un phénomène psychologique fréquent qui intervient également dans une relation manipulateur/manipulé. Ce facteur contribue à la difficulté potentielle de sortir d'une telle situation de dépendance si l'on n'y est pas préparé.

La première étape est de réaliser que vous êtes dans cette situation, maintenant que vous avez appris à la reconnaître. Si la relation que vous entretenez avec l'un de vos collègues ou avec votre supérieur vous met mal à l'aise, établissez une distance émotionnelle par rapport à cette personne, le temps de réfléchir et de faire le point. Pouvez-vous y reconnaître certains symptômes d'une situation de manipulation ? Cela fait-il quelque temps maintenant que ça dure ? Si vos soupçons s'avèrent justifiés, vous pouvez alors commencer à conjurer le sort.

Deuxième étape : parlez-en à des personnes de confiance, afin de vous rassurer et de trouver la force de vous affirmer et d'essayer de changer la relation. Ce faisant, ne tombez pas dans la dramatisation ou l'apitoiement sur vous-même, ce qui risquerait de vous faire perdre votre crédibilité.

Troisième étape : prenez les choses en mains. Si on vous manipule en jouant sur vos émotions et vos réactions face à certains stratagèmes, vous avez votre part de responsabilité. Ne laissez plus les manigances du manipulateur vous toucher et refusez de jouer le rôle qu'il veut vous faire interpréter.

Pour cela, fixez vos limites et apprenez à dire « non » si la demande les dépasse. Par exemple, si le manipulateur aime l'urgence, parce que cela lui permet de vous déstabiliser et, potentiellement, de vous faire commettre des erreurs qu'il pourra utiliser contre vous, n'acceptez plus qu'il vous fasse faire des choses à la dernière minute. Vous avez vous aussi votre planning de travail et vous tenez à le maintenir. Faites-lui comprendre que c'était à lui de s'y prendre à l'avance et refusez de lui venir en aide.

En outre, face à sa communication vague, soyez actif : demandez des clarifications sur les points qui restent imprécis et ne vous laissez surtout pas abattre s'il vous rabroue en vous laissant entendre que vous n'êtes pas très dégourdi. Dans ce cas, d'ailleurs, pourquoi ne pas lui expliquer posément qu'il vous a blessé et que vous n'acceptez pas qu'on vous rabaisse de la sorte ?

Vous serez ainsi en mesure de modifier petit à petit les rapports que vous entretenez avec cette personne et, pourquoi pas, de les faire évoluer vers une relation saine, dénuée de jeux de pouvoir.

Fuir la relation

En revanche, si vous avez affaire à un vrai manipulateur pathologique – une espèce rare, rappelez-vous –, il vous sera impossible d'instaurer avec lui une communication d'adulte. Refusez alors simplement d'entrer en relation avec lui. Pour ce faire, pratiquez la contre-manipulation. Celle-ci vise évidemment à se détacher de son emprise et à lui montrer subtilement, sans qu'il le voie venir tout de suite, qu'il est démasqué et qu'on peut se débrouiller sans lui.

Pour contre-manipuler, commencez par arrêter de vous justifier. Feignez plutôt l'indifférence et misez sur l'impersonnalité, les formules toutes faites et les proverbes. Par exemple, s'il critique votre travail, vous pouvez répondre : « Tu sais ce qu'on dit : c'est en forgeant qu'on devient forgeron. » Vous pouvez également retourner ses assertions contre lui (« C'est vous qui le dites ») ou même faire de l'humour et de l'autodérision pour vous sortir de situations délicates, tout en restant calme et courtois.

Si vous adoptez cette attitude, le manipulateur devrait rapidement se lasser. S'il persiste et que vous ne pouvez l'ignorer (s'il s'agit de votre supérieur hiérarchique par exemple) ou s'il se tourne vers une autre victime, il deviendra nécessaire de le dénoncer aux ressources humaines – dans ce cas, préparez minutieusement votre dossier, par exemple en prenant des notes au sujet des accords que vous concluez avec lui ou des délais intenables qu'il vous propose – ou de couper définitivement les ponts, quitte à changer de travail. Votre santé psychique est définitivement plus importante qu'un emploi.

TOP CONSEILS

- Prenez le temps de comprendre le fonctionnement d'un processus de manipulation afin de vous munir des armes de base pour éviter de tomber dans le panneau ou pour en sortir.
- Si vous soupçonnez une personne de vouloir vous manipuler, évitez de lui laisser connaître des aspects privés de votre vie ou de lui dévoiler des clés de votre personnalité. Il est important de rester évasif sur ces thématiques car il pourrait les utiliser contre vous.
- Restez fidèle à votre intuition. Le manipulateur a semé le doute dans votre chef ou a l'intention de faire. Faites-vous confiance, suivez votre instinct !
- Sachez refuser. Afin de ne pas perdre confiance en vous, il est important de savoir refuser les demandes lorsque vous ne souhaitez pas y accéder. Plusieurs types de refus sont possibles :
  - le refus partiel, qui consiste à accepter seulement une partie de la demande ;
  - la critique constructive, qui intervient si vous trouvez que la demande n'est pas tout à fait

justifiée et que vous souhaitez négocier les termes de son exécution ;

- ◦ le refus total, lorsque vous ne pouvez vous permettre d'accéder ne fut-ce que partiellement à la demande. Si le solliciteur insiste, utilisez la technique du « disque rayé » : répétez simplement votre refus, inlassablement, jusqu'à ce qu'il abandonne sa demande.

- De manière générale, ignorez les requêtes floues ou demandez des précisions jusqu'à ce que tout soit clair pour vous ; refusez d'être l'intermédiaire des demandes des autres ; méfiez-vous des flatteries ; feignez l'indifférence face à des remarques manifestement destinées à vous toucher.

- Si vous n'avez pas réussi à établir une communication saine avec le manipulateur, renoncez à être compris. Manifestement, il se moque de ce que vous pouvez ressentir. Il n'est donc pas nécessaire de perdre du temps à essayer de discuter avec lui.

- Lorsque les attitudes d'un manipulateur sont flagrantes à vos yeux, tournez-les en dérision, de sorte à le décrédibiliser. Cela peut le déstabiliser et couper court à son manège.

- Sortez de l'isolement et parlez-en autour de

vous. Dénoncez la situation de manipulation que vous avez subie ou que vous constatez entre des collègues. Vous pouvez également vous confier à votre entourage familial et à vos amis proches. Il est important que toute personne manipulée soit écoutée et comprise par des oreilles amies, qu'elle puisse trouver ailleurs ce que le manipulateur lui refuse : l'empathie et la bienveillance.

- Évitez la paranoïa ! Ce n'est pas parce que l'une ou l'autre caractéristique manipulatrice s'applique à une personne à un moment donné que vous avez affaire à un manipulateur en série. Il faut prendre le temps d'analyser la situation si vous doutez de votre relation avec quelqu'un. Le but de ces quelques conseils est d'établir des relations saines au travail, si possible dénuées de jeux de pouvoir, pas de créer un climat de méfiance généralisée.

FAQ

QUI SONT LES MANIPULATEURS ?

Nous sommes tous de potentiels manipulateurs, via les rôles relationnels que nous endossons au gré des différents rapports que nous entretenons avec les autres. Mais certaines personnes ont réellement une personnalité manipulatrice nocive, et sont constamment en recherche d'une victime à utiliser. La manipulation constitue leur mode de fonctionnement, la manière dont ils interagissent avec leur entourage.

COMMENT DÉMASQUER UN VRAI MANIPULATEUR PATHOLOGIQUE AU BUREAU ?

Voici quelques caractéristiques qui, si elles s'accumulent, dénoncent probablement une personnalité manipulatrice qu'il va falloir garder à l'œil :

- un collègue prend trop ou pas assez de place dans votre espace de travail ;

- ses attitudes et ses opinions varient en fonction des personnes avec qui il échange ;
- il s'intéresse beaucoup à vous, mais de manière condescendante ;
- il fait souvent passer ses messages via des intermédiaires ;
- il n'est jamais très clair et il vous fait passer pour idiot si vous lui manifestez votre incompréhension ;
- il ne tient pas compte de votre ressenti quand vous lui en faites part ;
- il prend des engagements qu'il n'honore pas ;
- il vous fait régulièrement faire son travail à sa place sous prétexte que c'est urgent, qu'il est débordé, qu'il a plus important à faire ou qu'il doit faire face à des soucis de santé ;
- il n'arrête pas de se plaindre, au point que vous êtes tenté de vous apitoyer sur son sort ;
- d'après lui, vous ne faites jamais les choses correctement, mais il ne vous aide pas à vous améliorer et il continue à vous demander d'effectuer diverses tâches ;
- il vous culpabilise et vous critique l'air de rien dans ce qui fait votre personnalité, pas votre travail ;
- lui-même ne supporte pas la critique ;

- il médit et ment ;
- il y a souvent incohérence entre ses paroles et ses actes ;
- il se fait passer pour supérieur par ses attitudes et son discours, et il n'hésite pas à changer de sujet ou à s'éclipser si son ignorance par rapport à certains points risque d'être mise au jour ;
- il vous semble efficace dans son travail, mais vous vous demandez si ce n'est pas aux dépens des autres, voire de votre propre travail.

SUIS-JE VICTIME D'UNE MANIPULATION AU TRAVAIL ?

Prenez conscience de la manipulation en analysant votre mal-être et en démasquant les attitudes manipulatrices répétées de l'un de vos collaborateurs :

- si vous êtes moins sûr de vous qu'au début de votre contrat, demandez-vous pourquoi ;
- faites une introspection afin de déterminer si, sur votre lieu de travail, vous êtes sujet au stress ou à d'autres troubles liés à votre santé physique et/ou mentale ;

- analysez votre charge de travail par rapport à celle de vos collègues et demandez-vous si vous faites l'objet d'une différence de traitement ;
- si vous avez un doute vis-à-vis de l'un ou l'autre collègue, observez la nature des relations que vous entretenez avec lui. Demandez-vous par exemple pourquoi il semble vous apprécier particulièrement, mais vous sollicite souvent pour l'aider à réaliser les tâches qui lui sont normalement attribuées.

EST-CE QUE JE PARTICIPE INCONSCIEMMENT À CETTE SITUATION QUI ME NUIT ?

Certainement. Rappelons-le, la manipulation se situe au sein d'une relation entre deux ou plusieurs personnes. Si vous êtes manipulé, c'est que quelque chose dans votre comportement a permis à l'autre de tirer avantage de vous : avez-vous par exemple joué les victimes ou les sauveurs ?

Attention, il n'est pas question ici de vous culpabiliser ou de vous rabaisser ! Ce constat est positif au contraire : cela signifie que vous avez fait une erreur, mais que vous avez le pouvoir de changer cette relation. Alors, changez-la !

À PARTIR DE QUAND FAUT-IL RÉAGIR POUR NE PAS SOMBRER ?

Plus tôt vous réagissez, plus il sera aisé d'éviter l'emprise d'un manipulateur ou d'en sortir. Néanmoins, il n'est jamais vraiment trop tard. Il faut garder en tête qu'un manipulateur utilise des masques et des jeux de pouvoir sans lesquels son mode de fonctionnement ne vaut rien. Une fois les masques tombés, il est plus facile de mettre en place une procédure alliant des mécanismes de contre-attaque et de défense, en s'affirmant et en posant ses limites. Bref, dès qu'une relation vous met mal à l'aise, il est temps de réagir.

COMMENT SORTIR DE CE GENRE DE RELATION AVILISSANTE ?

- Dans un premier temps, repérez le processus de manipulation en cours.
- Prenez une certaine distance émotionnelle afin d'analyser calmement la relation potentiellement toxique.

- Discutez-en avec des personnes de confiance.
- Agissez pour changer la relation :
  - travaillez votre confiance en vous ;
  - comportez-vous en adulte responsable ;
  - refusez les jeux de rôles ;
  - affirmez-vous et exprimez vos besoins ;
  - pratiquez l'écoute active ;
  - faites des demandes assertives.
- En dernier recours, refusez la relation et contre-manipulez pour vous protéger.

FACE À CE TYPE D'ABUS, QUELLE LÉGISLATION ME PROTÈGE ?

Sur le plan juridique, la manipulation répétée et continue d'un employé, que le manipulateur ait ou non une réelle intention de nuire, prend la forme du harcèlement.

Si les conduites du manipulateur peuvent être qualifiées d'abusives, répétitives et avec des conséquences dommageables pour vous, vous êtes tout à fait en droit d'entamer une procédure telle que définie par la loi. Celle-ci détermine un ensemble d'étapes à suivre de manière progressive si un employé souhaite se sortir d'une situation de harcèlement :

- la première de ces étapes est de tenter de régler le problème en interne, à l'aide des leviers que l'entreprise est légalement tenue de mettre en place dans son règlement du travail ;

- il s'agit ensuite d'essayer de régler le problème à l'amiable à travers un processus de médiation supervisé par des instances spécialisées indépendantes ;
- enfin, si ces deux tentatives échouent, on en arrive à la procédure judiciaire.

Pour la Belgique, le site du Service public fédéral Emploi, Travail et Concertation sociale détaille la marche à suivre sur sa page « Risques psychosociaux au travail », tandis que vous trouverez la procédure française sur la page « Harcèlement moral » du site du ministère du Travail, de l'Emploi, de la Formation professionnelle et du Dialogue social.

<u>COIN EMPLOYÉ</u>

Dans le cadre de cette procédure, que ce soit en Belgique ou en France, l'employé est protégé par la loi et ne peut pas être licencié ni faire l'objet de mesures préjudiciables. Si l'employé était tout de même licencié, l'employeur devrait alors apporter la preuve que la fin du contrat de travail n'a rien à voir avec la procédure.

COMMENT PARLER DE CETTE SITUATION À MON ENTOURAGE ?

Dans une telle situation, vous avez absolument besoin de soutien. Si vous avez l'occasion d'en parler à votre entourage, expliquez les faits de la manière la plus objective possible, votre ressenti par rapport à cette situation et ce que vous éprouvez à votre travail. Cherchez les oreilles bienveillantes, qui ne pourront sans doute pas vous proposer de solution toute faite, mais vous aideront, par le simple fait de vous écouter, à mieux appréhender la situation et à envisager des moyens de la changer. Parlez de tout ce que le manipulateur ne veut pas entendre.

COMMENT AIDER LES AUTRES À SURMONTER CETTE ÉPREUVE ?

La meilleure façon d'aider les autres à surmonter une situation de manipulation est de les écouter. Ensuite, si vous êtes un collègue de travail, vous pouvez aussi :

- manifester votre désaccord vis-à-vis de la personne qui manipule ;
- en référer à un supérieur hiérarchique ;
- trouver une personne qualifiée avec qui votre collègue pourra parler en toute confiance ;
- suggérer à votre collègue de se tourner vers un soutien psychologique.

L'essentiel est ici que votre collègue puisse vous considérer comme un allié et qu'il se sente compris afin de reprendre confiance en lui.

À VOUS DE JOUER !

Pensez à présent à votre vécu personnel et repérez un moment où vous avez eu le sentiment de vous être fait manipuler, d'avoir accédé au désir de quelqu'un d'autre contre votre volonté.

De quel type de manipulation s'agissait-il ?

- Vous êtes-vous laissé attendrir par une victime ?
- Vous êtes-vous senti redevable envers un sauveur ?
- Avez-vous été tourmenté par un persécuteur ?

Pourquoi vous êtes-vous laissé manipuler ?

- Était-ce pour éviter une émotion désagréable ? Quelle émotion ?
- Était-ce par peur de vous voir retirer une chose à laquelle vous tenez (comme votre emploi, par exemple) ? Quelle chose ?
- Était-ce au contraire dans l'espoir d'obtenir quelque chose ? Quoi ?

Quelles croyances irrationnelles ont fait que vous vous êtes laissé entraîner dans cette manipulation ?

- « Je dois être parfait. »
- « Mes paroles et mes actes doivent être cohérents. »
- « Je dois tout savoir. »
- « Je ne dois jamais me tromper. »
- « Je dois plaire à tout le monde. »
- « Je dois aider mon prochain. »
- « Je dois avoir un avis sur tout et ne jamais en changer. »
- « Mon opinion est forcément moins bonne que celle de mon interlocuteur. »
- Etc.

En répondant honnêtement à ces questions, vous apprendrez à mieux vous connaître et à comprendre ce qui vous motive dans vos relations avec les autres. Vous serez alors capable de développer vos compétences relationnelles afin de ne (plus) jamais vous laisser entraîner dans des rapports toxiques avec votre entourage, professionnel et autre.

Votre avis nous intéresse !
Laissez un commentaire sur le site de votre
librairie en ligne et partagez vos coups de cœur sur
les réseaux sociaux !

POUR ALLER PLUS LOIN

SOURCES BIBLIOGRAPHIQUES

- ANDERSEN (Marie), *La manipulation ordinaire. Reconnaître les relations toxiques pour s'en protéger*, Paris, Marabout, 2014.

- « Harcèlement au travail : notre dossier», in *Références*, consulté le 8/12/2014. https://references.lesoir.be/article/ harcèlement-au-travail-notre-dossier/

- HIRIGOYEN (Marie-France), *Le harcèlement moral, la violence perverse au quotidien*, Paris, La Découverte & Syros, 1998.

- MILGRAM (Stanley), *La soumission à l'autorité*, Paris, Calmann-Lévy, 1974.

- NAZARE-AGA (Isabelle), *Les manipulateurs sont parmi nous*, Montréal, Les Éditions de l'Homme, 2004.

- PETITCOLLIN (Christel), *Échapper aux manipulateurs*, Paris, Guy Trédaniel éditeur, 2008.

SOURCES COMPLÉMENTAIRES

- « Le harcèlement moral », in *Ministère du Travail, de l'Emploi, de la Formation professionnelle et du Dialogue social*, consulté le 26/02/2015. http://travail-emploi.gouv.fr/droit-du-travail/relations-au-travail/harcelement-discrimination/article/le-harcelement-moral

- « Risques psychosociaux au travail », in *SPF Emploi, Travail et Concertation sociale*, consulté le 8/12/2014. http://www.emploi.belgique.be/defaultTab.aspx?id=564

- SANCHEZ (Marie-Dolores), *50 exercices de contre-manipulation*, Paris, Eyrolles, 2013.

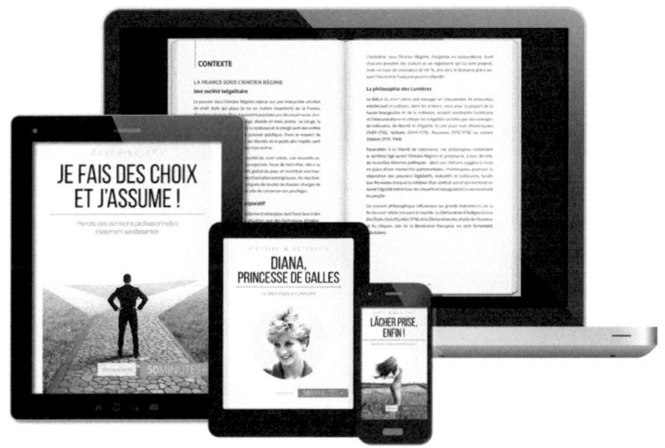

ISBN ebook :   978-2-8062-6230-1
ISBN papier :   978-2-8062-6379-7
Dépôt légal :   D/2015/12603/157
Photo de couverture :   © jayfish - Fotolia.com

Conception numérique :   Primento,
le partenaire numérique des éditeurs